Imprimerie Oberthur

à Rennes

SOUVENIR

des journées

Des 7, 8 & 9 Avril 1887

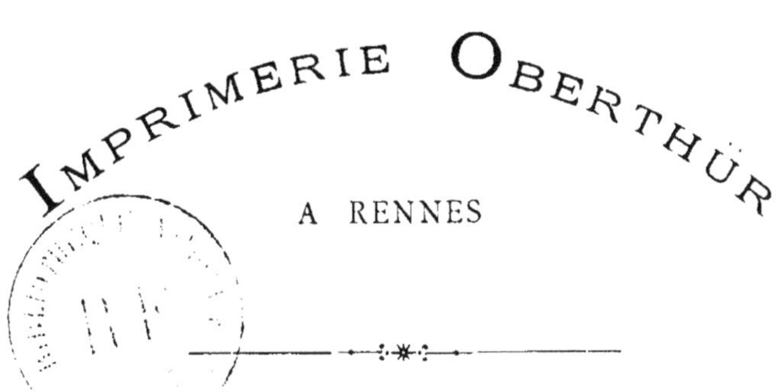

SOUVENIR

DES JOURNÉES

DES 7, 8 & 9 AVRIL 1887

SOUVENIR

DES

Journées des 7, 8 & 9 avril 1887

Le Jeudi-Saint, 7 avril 1887, à 6 heures du soir, Son Éminence le CARDINAL CHARLES-PHILIPPE PLACE, Archevêque de Rennes, Dol et Saint-Malo, revenu de Rome la veille, fit à M. OBERTHÜR père l'insigne honneur de lui apporter, de la part de SA SAINTETÉ LÉON XIII, la décoration de Chevalier de l'Ordre pontifical de SAINT-GRÉGOIRE-LE-GRAND.

La bienveillance toute particulière que Son Éminence témoigna à M. Oberthür en cette occasion ajouta encore au prix d'une distinction si honorable entre toutes.

Immédiatement MM. Charles et René Oberthür firent part au Personnel de l'Imprimerie, toujours associé aux événements de la Famille, de la décoration qui venait d'être conférée à leur père.

La nouvelle en fut accueillie avec une vive satisfaction et le Personnel de l'Imprimerie témoigna ses sentiments en adressant le soir même au Saint-Père le télégramme suivant :

A SA SAINTETÉ LÉON XIII, ROME.

Le Personnel de l'Imprimerie, heureux et fier de la haute distinction accordée à M. Oberthür père, a l'honneur d'envoyer à SA SAINTETÉ l'expression respectueuse de sa vive reconnaissance.

Le Personnel (Imprimerie Oberthür).

Le lendemain matin, MM. Rolland et Simon vinrent, au nom de tous, inviter MM. Oberthür à ne pas paraître à l'Imprimerie avant 10 heures, et jusqu'à ce moment chacun s'employa avec un zèle joyeux à la décoration de l'Imprimerie.

Les Armes du Saint-Père et celles du Cardinal se faisaient face dans la grande nef des machines, au milieu des fleurs et des feuillages.

A 10 heures, MM. Bielle, Coignerai, Guérin et Ienoch vinrent chercher la Famille Oberthür qui fut reçue dans l'Imprimerie par d'unanimes applaudissements.

De superbes bouquets furent offerts à M. Oberthür père par M. Joly, doyen des typographes, à Madame Oberthür mère par Mademoiselle Laurence Dubois, chef d'atelier et doyenne des ouvrières colleuses, à Madame Charles Oberthür par Mademoiselle Anna Colleu, chef d'atelier des ouvrières plieuses, et à Madame René Oberthür par M. Angevin, doyen des lithographes. Le jeune Alphonse Lamarre, au nom des enfants de l'Imprimerie, présenta, avec une attention bien touchante, un bouquet d'immortelles destiné au jeune Louis Oberthür, alors malade et seul de la famille privé de prendre part à la fête.

Tout le Personnel s'était massé des deux côtés près de son Chef qui s'avançait, suivi de sa famille, dans l'allée centrale du grand atelier, entre deux haies de verdure, serrant de toutes parts des mains amies et dominant son émotion pour exprimer sa reconnaissance et dire que l'honneur dont il venait d'être gratifié était l'honneur de Tous et que chacun de ses collaborateurs en avait sa part légitime.

La Famille Oberthür passa ainsi dans toutes les parties de l'Imprimerie, admirant partout les décorations disposées avec un goût parfait et par-dessus tout bien profondément émue des témoignages si touchants qui lui étaient adressés.

Le soleil brillait dans un ciel presque sans nuages et joignait son éclat joyeux à la fête que le Personnel de l'Imprimerie avait improvisée à son Chef.

Au moment de quitter les ateliers, un jeune enfant offrit à M. Oberthür père l'adresse suivante, admirablement calligraphiée, et dont il fut donné lecture à haute voix :

Le Personnel de l'Imprimerie, touché de la haute marque d'estime que le Souverain-Pontife vient d'accorder à Monsieur Oberthür, s'associe de tout cœur à la joie de sa Famille, le prie d'accepter ses félicitations les plus vives et fait des vœux pour que Dieu le conserve de nombreuses années encore pour le bien de tous.

M. Oberthür remercia encore une fois son Personnel, qui achevait de rendre si précieuse pour lui la distinction dont il avait été l'objet, et annonça que le travail serait suspendu et qu'à l'instant même il invitait chacun à profiter d'un congé dans lequel il désirait que se terminât cette belle journée.

Mais avant de quitter l'Imprimerie, la lettre suivante fut adressée à Son Éminence le Cardinal-Archevêque de Rennes :

Éminence,

En apprenant la distinction que vous avez obtenue de Sa Sainteté en faveur de notre honoré Chef, Monsieur Oberthür père, tout le Personnel de l'Imprimerie s'est uni dans la même pensée de lui témoigner par une fête spontanée la part qu'il prend à sa joie.

Il tient à terminer cette fête en vous exprimant sa reconnaissance pour l'heureuse nouvelle dont vous vous êtes fait le Messager et vous prie d'agréer, Éminence, l'hommage de son respectueux dévouement.

Au nom des ouvriers de l'Imprimerie :

H. Carissant, J. Coignerai,
A. Éon, E. Guérin, L. Remondin, F. Simon.

Le samedi 9 avril, l'atelier avait encore sa parure de fête.

Ce jour-là, l'Imprimerie reçut une visite auguste dont le souvenir restera toujours cher au Personnel tout entier.

A 4 heures de l'après-midi, Son Éminence le Cardinal-Archevêque de Rennes, accompagné de M. l'abbé Roux, vicaire général, entrait dans la cour de l'Imprimerie.

Il était reçu par la famille Oberthür à laquelle venaient de se joindre M. l'abbé Bourdon, directeur de l'Œuvre de la Jeunesse, et M. le docteur Aubrée qui se trouvait précisément à ce moment-là même à l'Imprimerie.

M. Oberthür père remercie tout d'abord le Cardinal de l'honneur si grand que sa visite apporte à lui-même, à sa Famille et à ses Collaborateurs. Son Éminence répond en adressant à chaque personne présente une parole gracieuse; puis, accompagnée de la Famille Oberthür, entre dans le grand atelier en pleine activité.

Apercevant dans le vestibule les employés du bureau que M. Oberthür lui présente, le Cardinal serre avec une paternelle bienveillance les mains de ceux qu'il appelle en souriant l'*État-major;* puis le Cardinal s'avance jusqu'au milieu de la grande nef.

Arrivé là, le signal d'arrêt suspend les travaux. Les ouvriers et les ouvrières accourent de toutes parts et se réunissent autour de Son Éminence, tant au centre de l'atelier principal que dans les galeries supérieures. Tous les visages expriment la joie la plus sympathique et la plus respectueuse. Les enfants s'approchent le plus près.

Le Cardinal considère alors avec la plus affectueuse bonté les cinq cents personnes qui l'entourent. Le silence se fait. Le Cardinal se dispose à parler.

Pour la satisfaction de tous, il faudrait reproduire, sans en rien omettre, les paroles pleines d'une autorité si digne et en même temps empreintes de la plus paternelle affabilité qui, pendant plus de vingt minutes, ont tenu sous le charme le Personnel tout entier de l'Imprimerie.

Mais le souvenir, si profond qu'il reste, est impuissant à reproduire dans son intégralité l'allocution de Son Éminence. Surtout la plume est incapable d'exprimer la cordialité si touchante avec laquelle le Cardinal-Archevêque de Rennes s'adressait à la grande Famille Industrielle, groupée autour de son Auguste Personne, visiblement émue et interrompant le vénérable Prélat par les plus chaleureux applaudissements.

Voici l'analyse, malheureusement bien imparfaite, des paroles de Son Éminence :

Mes chers amis, lorsque tout dernièrement pendant mon séjour à Rome, j'eus l'honneur d'être reçu par le Saint-Père, je lui exposai les mérites de votre cher Patron. Le Saint-Père m'interrompit en disant que la croix de Saint-Grégoire serait bien placée sur sa poitrine et je ne saurais vous dire quelle fut ma satisfaction en voyant le Saint-Père accorder spontanément une pareille distinction à M. Oberthür.

(Acclamations : Vive Léon XIII !).

Je sais quelle joie vous en avez vous-mêmes ressentie. Vous l'avez exprimée hier par la fête toute spontanée et si cordiale que vous avez offerte à votre Chef et à sa Famille. Certes, c'est un grand honneur d'être ainsi distingué par le Pape; mais c'est un grand bonheur de se voir dans une semblable circonstance entouré de tant d'affection par ses Collaborateurs.

J'ai été touché, mes chers amis, en apprenant les détails de cette fête et en recevant la lettre que quelques-uns d'entre vous m'ont adressée hier au nom de tous.

J'aurais pu charger les signataires de cette lettre de vous dire en mon nom combien j'y avais été sensible; mais j'ai tenu à venir en personne vous répondre à tous, vous remercier à mon tour et en même temps vous féliciter. Et pour cela j'ai revêtu le costume rouge des grandes circonstances, voulant vous visiter comme Cardinal, en témoignage de l'intérêt que je vous porte.

Mes visites ordinaires ne se font point ainsi.

Mes chers amis, en vous voyant tous si heureux et si fiers de l'honneur décerné à votre digne Patron, je pense à cette grave question, la question sociale, qui est bien la plus ardue qui existe de nos jours, et j'en trouve ici la solution. A ceux qui me demanderont désormais comment la résoudre, je répondrai : Allez à l'Imprimerie Oberthür, vous y verrez cette question sociale résolue de la seule façon dont elle puisse l'être, par l'affection et le dévouement réciproques du Patron et de l'Ouvrier.

Notre-Seigneur Jésus-Christ qui le premier a prononcé cette parole : *Aimez-vous les uns les autres,* a résolu la question sociale et il n'y a pas d'autre solution possible que la mise en pratique de ce commandement.

Avant Jésus-Christ, mes chers amis, il n'avait été donné à nul œil humain de contempler le magnifique spectacle que j'ai sous les yeux ici, celui de l'union du patron et de l'ouvrier. Avant Lui, le travailleur était la chose du maître, l'esclave. C'est Notre-Seigneur qui a rendu le travail libre, libre comme il l'est dans cet atelier, où personne ne pèse sur vos consciences, où chacun a l'entière liberté de ses opinions politiques et de ses croyances religieuses.

C'est Notre-Seigneur qui le premier a honoré, glorifié et ennobli le travail, par son propre exemple, en façonnant le bois pour gagner sa vie.

Depuis Jésus-Ouvrier, le travail n'est plus la marque de l'esclave, mais le noble partage de l'homme libre. Bien plus, c'est une gloire et un bonheur; car c'est grâce au travail que vous avez la satisfaction si honorable d'élever vos familles et de soutenir les vieux jours de vos parents, comme le font de jeunes ouvriers que je connais...

Le travail d'ailleurs est une loi générale, et je parle du travail sous toutes ses formes. Que ce soit sous l'habit rouge du Cardinal, sous l'habit du Patron ou celui de l'Ouvrier, ou encore le scalpel à la main, comme l'honorable docteur Aubrée que je vois ici présent, nous sommes tous des Travailleurs.

Donc, honneur au travail !

Et si vous êtes heureux, mes chers amis, de travailler avec des patrons tels que MM. Oberthür, ils sont bien heureux eux-mêmes et fiers — ils me l'ont dit maintes fois — de travailler avec des ouvriers tels que vous.

Je fais du fond du cœur des vœux pour la prospérité de cette Maison, pour le bonheur de la famille Oberthür, de vos familles et de vous tous, mes chers amis.

Puis se tournant vers les plus jeunes : En contemplant ces jeunes visages, je vois avec joie qu'une nouvelle génération s'élève pour marcher, je l'espère, sur les traces de ses aînés.

Je vois en même temps près de vos patrons des enfants qui feront comme leur grand-père, comme leurs pères. En grandissant, ils continueront l'œuvre si bien commencée pour le bonheur de tous, et mes successeurs pourront un jour assister à une aussi belle fête.

M. Oberthür ayant remis à Son Éminence une note écrite, le Cardinal reprend la parole.

Maintenant, mes chers amis, vous savez que dans tous les discours il y a une péroraison. Eh bien, M. Oberthur vient de me remettre cette péroraison. Elle est grande, princière.

— C'est aussi un prince de l'Église qui parle, dit M. Oberthür.

— Vous êtes aussi un prince, mon vénérable ami, nous sommes tous des princes ici, héritiers de Jésus-Christ et destinés à régner au Ciel.

Mais revenons à ma péroraison : M. Oberthür, afin d'encourager votre goût pour l'épargne, donne à chacun de ceux qui sont dans son atelier depuis moins de cinq années un livret de Caisse d'épargne de 25 francs. Et s'adressant avec un sourire plein de bonté aux plus jeunes : Ceci est pour vous, mes enfants.

Ce n'est pas tout; ceux qui comptent plus de cinq ans de présence, et moins de dix ans, recevront un livret de 50 francs. Enfin il y a le gros lot : un livret de 100 francs est offert à tous ceux qui sont depuis plus de dix ans dans la Maison.

Quand les applaudissements, qui à maintes reprises avaient accueilli Son Éminence, au cours de son allocution, eurent cessé, Mme Oberthür pria le Cardinal de mettre le comble à sa bienveillance en accordant à Tous sa bénédiction :

De toute mon âme, je veux vous bénir, mes frères, catholiques ou non catholiques, répondit Son Éminence; car je vous aime tous; je vous confonds tous dans mon cœur et ne pouvant vous embrasser tous, j'embrasse votre respectable Chef.

Le Cardinal donna l'accolade à M. Oberthür au milieu de l'émotion générale.

Puis tout le monde à genoux reçut avec reconnaissance la bénédiction de Son Éminence.

Quand eut été donnée la bénédiction, le Cardinal exprima une pensée pleine de bienveillance :

Où sont, dit-il, les chefs d'atelier et les doyens, je désire leur serrer la main ?

MM. Oberthür firent les présentations.

A ce moment le signal de la reprise du travail s'était fait entendre et Son Éminence put voir en moins de trois minutes chacun à son poste, les machines reprenant leur course et partout l'ordre le plus parfait et le plus silencieux succéder à l'émotion précédente.

Le Cardinal descendit jusqu'à la nouvelle machine à vapeur, adressant à tous sur son passage les plus aimables paroles. Puis, remontant l'allée centrale entre l'atelier de Typographie et celui de Lithographie, Son Éminence se dirigea vers sa voiture.

De nouveau le travail fut interrompu. Tout le Personnel fit cortège au Cardinal qui, au milieu de la plus enthousiaste ovation, voulut bien s'arrêter plusieurs fois encore pour répondre aux vivats qui le saluaient de toutes parts.

Enfin Son Éminence disant : « Non pas adieu, mais au revoir, » regagna sa voiture aux acclamations répétées de :

Vive le Cardinal! Vive Léon XIII!

TEXTE DU BREVET DE CHEVALIER DE L'ORDRE DE SAINT-GRÉGOIRE-LE-GRAND

Dilecto Filio Carolo Oberthür.

LEO PP. XIII.

Dilecte Fili, Salutem et Apostolicam Benedictionem. Ex veteri consuetudine, institutoque Romanorum Pontificum Decessorum Nostrorum perhonorificos titulos iis decernere solemus viris, qui religionis studio, integritate vitæ, eximiisque virtutibus inter ceteros ita excellunt, ut existimationem bonorum omnium merito consequantur. Quanquam Nobis ex amplissimo dilecti Filii Nostri Caroli Philippi Sanctæ Romanæ Ecclesiæ Presbyteri Cardinalis Place, ex dispensatione Apostolica Archiepiscopi Rhedonensis testimonio notum sit, te in eorum numerum facile esse adscribendum, Nos non dubium tibi Nostræ in te benevolentiæ pignus deferendum censuimus. Equestri te igitur dignitate augere volentes, et a quibusvis excommunicationis, et interdicti, aliisque ecclesiasticis censuris, sententiis, et pœnis, quovis modo, vel quavis de causa latis, si quas forte incurreris, huius tantum rei gratia absolventes, et absolutum fore censentes, Apostolica Auctoritate Nostra, his Litteris, te Equitem Ordinis Sancti Gregorii Magni classis civilis facimus, constituimus, renuntiamus, teque in ornatissimum huiusmodi Equitum cœtum, et numerum adsciscimus. Propterea tibi, dilecte Fili, concedimus, ut propriam Equitum huius ordinis Vestem induere, ac proprium item insigne, Crucem nempe auream octangulam rubra superficie imaginem Sancti Gregorii Magni in medio referentem, quæ tænia serica rubri coloris, ad utramque oram flava ad pectus ex communi Equitum more sinistro vestis latere dependeat, gestare libere, liciteque possis, et valeas. Ne quod vero discrimen tam in veste, quam in Cruce gestanda contingat, appositum schema tibi tradi mandavimus. Datum Romæ apud Sanctum Petrum sub Annulo Piscatoris die XXII. Martii MDCCCLXXXVII. Pontificatus Nostri Anno Decimo.

LEO XIII. PONT. MAX.

M. Card. LEDOCHOWSKI.

A Notre cher fils Charles Oberthür.

LÉON XIII, PAPE

Cher fils, salut et bénédiction apostolique. Selon la coutume antique et l'institution des Pontifes romains Nos prédécesseurs, Nous sommes dans l'usage de décerner des titres très honorables aux personnes d'élite qui par leur zèle pour la religion, l'intégrité de leur vie et leurs éminentes vertus excellent parmi les hommes, à tel point qu'elles acquièrent à juste titre l'estime de tous les gens de bien. Sachant d'après le témoignage si pleinement honorable de Notre cher fils Charles-Philippe Place, Cardinal-Prêtre de la Sainte Église romaine, par l'institution du Saint-Siège apostolique Archevêque de Rennes, que vous êtes parfaitement digne d'être compté dans leurs rangs, Nous avons décidé de vous offrir un gage non équivoque de Notre affection. Voulant donc vous élever à la dignité de chevalier et seulement à cet effet vous déliant et déclarant que vous devez être délié de toutes sentences d'excommunication et d'interdit, ainsi que de toutes censures et peines ecclésiastiques, quels qu'en soient le genre ou la cause, au cas où vous en auriez encouru quelqu'une, en vertu de Notre autorité apostolique, par ces Lettres, Nous vous créons, établissons, proclamons chevalier de l'Ordre de Saint-Grégoire-le-Grand de l'ordre Civil, Nous vous donnons rang dans cette très illustre Compagnie de chevaliers et Nous vous y inscrivons. En conséquence, Nous vous permettons, cher fils, de revêtir l'habit spécial des chevaliers de cet Ordre et de porter librement et licitement l'insigne qui leur est propre, c'est-à-dire la croix d'or octangulaire qui représente en son milieu, sur un fond rouge, l'image de Saint Grégoire le Grand et doit être attachée par un ruban de soie rouge, liséré de jaune, sur la poitrine, du côté gauche de l'habit, suivant l'usage communément établi chez les chevaliers. Et afin qu'il ne se glisse aucune différence dans la forme de l'habit ou de la croix que vous devrez porter, Nous avons donné l'ordre de vous fournir le modèle ci-inclus.

Donné à Rome, près Saint-Pierre, sous l'Anneau du Pêcheur, le 22e jour de mars MDCCCLXXXVII, la dixième année de Notre Pontificat.

LÉON XIII, SOUVERAIN-PONTIFE.

M. Cardinal LEDOCHOWSKI.

Dès le matin du 8 avril, une souscription avait été ouverte dans l'Imprimerie, parmi le Personnel, pour offrir à M. Oberthür père la croix de chevalier de l'Ordre de Saint-Grégoire-le-Grand. M. Baptiste Portier, en sa qualité de plus ancien chef d'atelier, a fait remise à M. Oberthür de cette croix, en deux modules, conformes au fac-simile ci-contre, reproduisant l'image jointe au brevet que Son Éminence le Cardinal-Archevêque de Rennes avait bien voulu remettre à M. Oberthür.

Les croix, d'un travail exquis, étaient renfermées dans un écrin portant cette inscription : *Offert à Monsieur Oberthür par le Personnel de l'Imprimerie, 8 avril 1887,*— précieux souvenir pour la Famille Oberthür des témoignages d'affection qu'elle reçut de l'unanimité de ses Collaborateurs à cette occasion.

LISTE DU PERSONNEL

PAR ORDRE D'ENTRÉE

MM.

Klein (Ém.), *chef d'at.*, retraité.
Lanos (J.-B.), — —

1843 Joly (Joseph).
1845 Angevin (Julien).
1846 Portier, *chef d'atelier.*
1848 Portier (Alexis).
1854 Banctel, *chef d'atelier.*
— Lebreton (Victor).
1855 Gorieux (Louis).
— Bielle, *chef d'atelier.*
1858 Crespel (Henri).
— Marchand (Jean-Baptiste).
1859 Henry (François).
— Nicolais (Adolphe).
— Vincent (Julien).
1860 Dupuis (Auguste).
1861 Rousseau (Julien).
1862 Delahaye (Eugène).
— Gary (Jean-Baptiste).
1863 Bellier, *chef d'atelier.*
— Lainé (Louis).
— Machefeld (Édouard).
— Lamarre (Constant).
— Vauluisant (Charles).

MM.

1863 Petitbon (Jean).
— Baudu (Anatole).
— Ienoch, *chef d'atelier.*
1864 Chausseblanche (A.).
— Lefas (Georges).
1865 Guérin, *chef d'atelier.*
— Suhard (Valentin).
— Chevalier (Joseph).
— Lebreton (Pierre).
1866 Laisné (Jean-Marie).
— Milliet (Georges).
1867 Lebreton (Auguste).
— Trillard (Jean-Baptiste).
— Désilles (Jean-Marie).
— Berthel (Pierre).
— Roussel (René).
— Petitbon (Joseph).
— Gilbert (Jules).
— Pais (Julien).
1868 Bricault (Louis).
— Poisson (Alfred).
— Monnier (François).
1869 Chesni (Alexandre).
— Bricault (René).
— Martin (Joseph).
— Delbourg (Jean).

MM.

1870 Reminiac (Désiré).
— Lancien (Jules).
— Monnier (Joseph).
1871 Kerlevezou (Léon).
— Godet (Félix).
— Richet (Charles).
— Herpe (Pierre).
— Morin (Jean-Marie).
1872 Beaumont (Louis).
— Coignerai, *chef de compt.*
— Sosson (Joseph).
— Boutin (Émile).
— Rivière (Éméric).
— Crocq (René)
— Gicquel (Jules).
— Burel (Jean).
— Renaudin (Joseph)
— Toubel (Adolphe).
— Nogues, *s.-chef d'atelier.*
— Fauvel (Paul).
— Branger (Auguste).
1873 Allain (Léon).
— Tillon (Joseph).
— Ronflet (Constant).
— Dallongeville (Alphonse).
— Éon (A.), *s.-chef d'atelier.*
— Chesni (Adrien).
— Le Bot (Georges).
— Morin (Jean-Marie).
— Grégoire (Pierre).
— Jean (Jules).
— Le Maux (Ange).
— Vaugarni (Constant).
1874 Bonnichon (Jean).
— Leroy (Léon).

MM.

1874 Beaulieu (Pierre).
— Guillon (Pierre).
— Goupil (Jean-Marie).
— Marchand (Eugène).
— Guérin (Jules).
— Simon (Francis).
— Borel (André).
— Lardoux (Édouard).
— Remondin (Louis).
— Vallée (Eugène).
1875 Terseul (Gustave).
— Le Bigot (Esther).
— Day (Toussaint).
— Renault (Henri).
— Carissant (Hubert).
— Bérard (Émile).
— Rallier (Jean).
— Berty (Pierre).
— Viloger (Charles).
— Cloteaux (Célestin).
— Ballu (Henri).
— Simon (Ferdinand).
— Chassé (Pierre).
1876 Galesne (Louis).
— Bourtoureault (Alexand.).
— Huet (François).
— Neustœkel (Jules).
— Émard (Fernand).
— Simon (Joseph).
— Lainé (Jean-Pierre).
— Rousseau (Jean).
1877 Guyot (Charles).
— Rolland (Joseph).
— Stéphan (Louis).
1878 Favrais (Félix).

MM.

1878 Nourry (Jean).
— Chauvin (Jules).
— Chevalier (Arthur).
— Bahu (Pierre).
— Cloërec (Guillaume).
— Le Bolloc (Jacques).
— Robic (Louis).
— Lebon (Alfred).
— Marcille (Alexandre).
— Bridel (Joseph).
— Desbois (Henri).
— Bertel (Charles).
1879 Simon (Olivier).
— Chesni (Jean-Marie).
— Loyon (Ernest).
— Delaunay (Albert).
— Panaget (François).
— Edet (Louis).
— Hamard (Emmanuel).
— Ferchal (Henri).
— Pochon (Julien).
— Poligné (Constant).
— Bouffault (Jean-Marie).
— Heurtel (Mathurin).
— Salmon (Charles).
— Lemoine (Alfred).
— Lemoine (Georges).
1880 Nitsch (Eugène).
— Auffray (Constant).
— Garçon (Louis).
— Collin (François).
— Dacremont (J.-Baptiste).
— Cotto (Joseph).
— Thieulant (Léon).
— Paré (Ambroise).

MM.

1880 Paré (Henri).
— Bonnefoi (Francis).
— Beaugeard (Joseph).
— Ménard (Joseph).
1881 Larcher (Pierre).
— Coulon (Émile).
— Juhel (Charles).
— Chevrier (Jean).
— Garçon (Émile).
— Texier (Pierre).
— Gousset (Pierre).
— Lesage (Victor).
— Monnier (Louis).
— Lelabousse (Julien).
— Louaisil (Charles).
1882 Guillou (Jean-Baptiste).
— Geslin (Jules).
— Mesnage (Victor).
— Bouchard (Julien).
— Lucas (Joseph).
— Legavre (Ambroise).
— Buis (Joseph).
— Piquet (Jean).
— Noyalet (Armand).
— Hamard (Émile).
— Rauflet (Baptiste).
— Mouraud (Pierre).
— Monnier (Lucien).
— Hanry (Hippolyte).
— Guilleux (Isidore).
— Reminiac (Pierre).
— Hersent (Jean-Baptiste).
— Gilles (Adolphe).
— Tréluyer (René).
1883 Macé (Pierre).

MM.

1883 Thouin (Jean-Marie).
— Bougault (Eugène).
— Beaulieu (Francis).
— Treluyer (Jean-Marie).
— Colléaux (Jean-Marie).
— Susz (Louis).
— Monnier (Olivier).
— Legris (Louis).
— Chardronney (Albert).
— Legris (Florimond).
— Renard (Yves).
— Prost (Eugène).
— Courtin (Louis).
— Vié (Jean-Baptiste).
— Fréreux (Louis).
— Picavet (Fleuris).
— Macé (Jean-Marie).
— Bession (Jules).
— Roussel (Augustin).
— Morin (Jean).
1884 Gimarey (Antoine).
— Chilou (Pierre).
— Guérault (François).
— Portier (Eugène).
— Émard (Alfred).
— Bonneau (Francis).
— Bélan (Joseph).
— Bélan (Pierre).
— Roussille (Francis).
— Marty (Félix).
— Froc (Louis).
— Closier (Jean-Marie).
— Brossais (Joseph).
— Levacon (Alexandre).
— Fauvel (Louis).

MM.

1884 Guiffaut (Jean-Marie).
— Roussel (Jean-Marie).
— Bourdon (Jean-Marie).
— Mesnet (Clément).
— Bohuon (Jean-Baptiste).
— Bellême (Joseph).
— Hillion (Louis).
— Rebours (Jean-Baptiste).
— Plaine (Henri).
— Louichon (René).
— Olivier (Ernest).
— Étendard (Joseph).
1885 Bidault (Jean-Marie).
— Hermer (Pierre).
— Trassard (Francis).
— Jamet (Louis).
— Chassé (Charles).
— Commelin (Albert).
— Chauvel (Aristide).
— Denis (Louis).
— Guitton (Adrien).
— Plaine (Louis).
— Grosdoigt (Léon).
— Derrien (Louis).
— Jarnot (Pierre).
— Boucault (Louis).
1886 Lamarre (Alphonse).
— Angevin (Étienne).
— Deshayes (Ernest).
— Ménard (Émile).
— Renault (Joseph).
— Guillon (Albert).
— Duboux (Eugène).
— Thomas (Victor).
— Derennes (Jean-Marie).

MM.

1886 Foucault (Auguste).
— Hamonnet (Eugène).
— Janvier (Pierre-Marie).
— Bridel (Joseph).
— Maudet (Émile).

MM.

1886 Valet (Ferdinand).
1887 Régnard (Eugène).
— Crocq (René).
— Panaget (Victor).
— Bourdin (Auguste).

Mmes

1859 Turpin (Joséphine).
1860 Dubois (L.) *chef d'atelier.*
— Colleu (A.) *chef d'atelier.*
— Robinet (Anne).
1861 Petitbon (Eugénie).
— Labbé (Perrine-Marie).
— Garnier (Amélie).
— Petitbon (Joséphine).
1862 Raison (Françoise).
— Bricault (Gilonne).
— Alix (Victorine).
— Bricault (Marie).
1863 Rouillard (Nathalie).
— Grignon (Jeanne).
1864 Tillon (Julie).
— Gicquel (Julie).
— Chassé (Jeanne).
1866 Berthelot (Jeanne).
1867 Conan (Jeanne).
— Conan (Marie).
1868 Bétin (Marie).
— Bétin (Joséphine).
— Fromont (Jeanne-Marie).
1869 Garnier (Anne-Marie).
— Tiolais (Céline).

Mmes

1869 Ménard (Rose).
— Jarnot (Marguerite).
— Viloger (Julie).
1870 Fromont (Armandine).
— Toubel (Héloïse).
1871 Coureuil (Rosalie).
— Aufray (Victoire).
— Morel (Rose).
— Tirel (Rose).
— Robert (Perrotte).
— Chassé (Marie).
— Postel (Marie-Anne).
— Duval (Yvonne).
1872 Lainé (Marie).
— Jallu (Anne).
— Huriaux (Françoise).
— Bouvier (Marie).
1873 Chilou (Marie).
— Poirier (Rosalie).
1874 Olivier (Marie).
— Paré (Jeanne).
— Rallier (Marie).
— Guillois (Adrienne).
— Stéphan (Anne-Marie).
— Bréal (Blanche).

Mmes

1874 Échelard (Élise).
— Chauvin (Philomène).
— Cayla (Marie).
1875 Leroy (Anne).
— Jourdan (Alexandrine).
— Dréano (Marie).
— Gilbert (Marie).
— Terey (Maria).
1876 Dubois (Philomène).
— Olivier (Anne-Marie).
— Guillemois (Marie).
— Lambard (Maria).
— Beaudoin (Élisabeth).
— Garnier (Marie).
— Vincent (Marguerite).
— Raymond (Marie).
— Raymond (Gabrielle).
— Gilbert (Marie-Sainte).
1877 Lanoë (Joséphine).
— Bridel (Julie).
— Bridel (Victoire).
— Monnay (Marie).
— Ménage (Julie).
— Renault (Marie).
— Couaran (Marie).
— Vallée (Mélanie).
— Rivière (Julie).
1878 Pasquet (Joséphine).
— Guine (Élisa).
— Laigle (Marie).
— Robert (Marie-Rose).
— Grignon (Adrienne).
— Huet (Joséphine).
— Cloërec (Anna).
— Javaudin (Marie).

Mmes

1878 Langlais (Julie).
— Auffray (Jeanne).
— Guillemois (Delphine).
— Texier (Angélique).
— Lucas (Marie).
— Coquelin (Aurélie).
— Lodu (Marie).
1879 Panaget (Marie).
— Marcille (Anne).
— David (Anne).
— Chauvin (Félicité).
— Regeard (Marie).
— Solleux (Marie).
— Pasquet (Marie).
— Touffait (Modeste).
— Motel (Marie).
— Quinton (Marie).
— Marcille (Florentine).
— Loucassard (Anne).
— Solleux (Eugénie).
— Delessard (Marie-Rose).
— Ray (Eugénie).
— Becdelièvre (Françoise).
— Thomas (Joséphine).
— Blanchard (Jeanne).
— Hélias (Marie).
1880 Nogues (Aimée).
— Fouillet (Marguerite).
— Chevrel (Marie-Rose).
— Roussel (Marie).
— Robe (Marie-Louise).
— Liguet (Anne-Marie).
— Navard (Anna).
— Hilliard (Adèle).
— Texier (Marie).

Mmes

1880 Pigeard (Alexandrine).
— Dauthenay (Marie).
— Guine (Marie).
— Tercy (Virginie).
— Raison (Sainte).
— Mesnet (Marie).
— Miniac (Éléonore).
— Gautier (Marie).
1881 Gillet (Marie).
— Bouffault (Marie).
— Maheux (Angélina).
— Geslin (Marie).
— Clairais (Joséphine).
— Bricault (Victorine).
— Pochon (Marie).
— Fouillet (Marie).
— Dugué (Jeanne-Marie).
— Dubois (Laurence).
— Razavet (Rose).
— Marquet (Marie).
— Guillet (Marie).
— Garranché (Anna).
— Guézennec (Adolphine).
1882 Pichon (Angélique).
— Lebrun (Marie-Louise).
— Duhoux (Anna).
— Simon (Anne).
— Rouault (Marie).
— Tarel (Joséphine).
— Tarel (Marie).
— Delay (Augustine).
— Turpin (Marie).
— Roussel (Eugénie).
— Robe (Jeanne-Marie).
— Raymond (Maria).

Mmes

1882 Dubois (Anne-Marie).
— Grégoire (Anna).
— Macé (Perrotte).
— Pillet (Marie).
— Daugan (Joséphine).
— Rouault (Adèle).
— Ridard (Marie).
— Guillet (Athénaïse).
— Sourdin (Florence).
1883 Macé (Louise).
— Bécouarn (Marie).
— Couaran (Joséphine).
— Chevalier (Joséphine).
— Hervochon (Félicité).
— Ménardais (Marie).
— Coquelin (Anne-Marie).
— Vauluisant (Marguerite).
— Veillard (Marie).
— Maugé (Désirée).
— Tiriault (Victoire).
1884 Panaget (Joséphine).
— Rimasson (Marie).
— Razavet (Anne).
— Hervochon (Marie).
— Collin (Marie).
— Lambierge (Rosalie).
— Simon (Victoire).
— Solleux (Louise).
— Lebreton (Victoire).
— Tortelier (Marie).
— Texier (Clémentine).
— Rocheron (Joséphine).
— Allais (Joséphine).
1885 Petitbon (Eugénie).
— Tuloup (Anna).

Mmes

1885 Collin (Rosalie).
— Glais (Marie).
— Tatin (Félicité).
— Valo (Marie).
— Maréchal (Rosalie).
— Lelièvre (Jeanne).
— Gallerand (Maria).
— Tiengou (Marie).
— Briand (Marie).
— Cambon (Marie-Franç.).
— Sourdin (Julie).
1886 Besnard (Augustine).
— Raison (Anne).
— Maugé (Élodie).
— Poulain (Sainte).
— Depoix (Adèle).

Mmes

1886 Godet (Eugénie).
— Logeais (Marie).
— Becdelièvre (Angèle).
— Portier (Eugénie).
— Becdelièvre (Joséphine).
— Dubreuil (Marie).
— Vasseur (Louise).
— Briend (Marie).
— Bonjean (Marie-Louise).
1887 Vitre (Clémentine).
— Gillet (Marguerite).
— Lancelot (Anne).
— Macé (Eugénie).
— Morel (Lucie).
— Riaux (Amélie).

MAISON DE PARIS

M. Émile Von Oven, Représentant.
M. Harmand, Comptable.

www.ingramcontent.com/pod-product-compliance
Ingram Content Group UK Ltd.
Pitfield, Milton Keynes, MK11 3LW, UK
UKHW020536180726
13839UKWH00006B/2540

9 782329 558233